Lerner *SPORTS* EN ESPAÑOL

SPORTS
VIPs
EN ESPAÑOL

QUIÉN ES
STEPHEN
CURRY

LA EMOCIÓN DEL DEPORTE SE ENCUENTRA CON LA HABILIDAD DE LA INVESTIGACIÓN

Lerner SPORTS EN ESPAÑOL

Prueba gratuita de base de datos: **lernersports.com**

ediciones Lerner
Una división de Lerner Publishing Group, Inc.
241 First Avenue North
Mineápolis, MN 55401, EE. UU.

Si desea averiguar acerca de niveles de lectura y para obtener más información, favor consultar este título en www.lernerbooks.com.

Fuente del texto del cuerpo principal: Aptifer Slab LT Pro.
Fuente proporcionada por Linotype AG.

Library of Congress Cataloging-in-Publication Data

Names: Levit, Joseph, author.
Title: Quién es Stephen Curry : superestrella de Golden State Warriors / Joe Levit.
Other titles: Meet Stephen Curry. Spanish
Description: Mineápolis : ediciones Lerner, 2023. | Series: Lerner sports en español. Personalidades del deporte | Includes bibliographical references and index. | Audience: Ages 7–11 | Audience: Grades 4–6 | Summary: "Golden State Warriors point guard Stephen Curry is a three-time NBA champion, two-time NBA MVP, and the league's greatest long-range shooter. Learn more about his life on and off the court. Now in Spanish!"—Provided by publisher.
Identifiers: LCCN 2023000533 (print) | LCCN 2023000534 (ebook) | ISBN 9781728491929 (library binding) | ISBN 9798765607671 (paperback) | ISBN 9781728494593 (epub)
Subjects: LCSH: Curry, Stephen, 1988-—Juvenile literature. | Guards (Basketball)—United States—Biography—Juvenile literature. | African American basketball players—Biography—Juvenile literature. | Basketball players—United States—Biography—Juvenile literature. | Golden State Warriors (Basketball team)—History—Juvenile literature. | Basketball—Records—Juvenile literature.
Classification: LCC GV884.C88 L4918 2023 (print) | LCC GV884.C88 (ebook) | DDC 796.323092 [B]—dc23/eng/20230112

LC record available at https://lccn.loc.gov/2023000533
LC ebook record available at https://lccn.loc.gov/2023000534

Fabricado en los Estados Unidos de América
1-53131-51141-1/12/2023

CONTENIDO

>>>>>>>>>>>>>>>>>>>>

RIVALIDAD CON LOS BULLS

La temporada 2015–2016 fue mágica para Stephen Curry y los Golden State Warriors. Curry anotó 118 puntos en los primeros tres juegos de la temporada. Nadie había logrado tantos puntos tan rápido desde que la superestrella Michael Jordan lo lograra en 1989–1990.

El 24 de noviembre de 2015, los Warriors ganaron su 16.º juego consecutivo para comenzar la temporada. Fue un nuevo récord de la NBA. Llevaron su récord a 24 victorias seguidas antes de perder en diciembre contra los Milwaukee Bucks.

DATOS RÁPIDOS

FECHA DE NACIMIENTO: 14 de marzo de 1988
POSICIÓN: base
LIGA: Asociación Nacional de Baloncesto (NBA)

MOMENTOS PROFESIONALES DESTACADOS: elegido con el puesto 7 general del draft de la NBA de 2009, ganó tres campeonatos de la NBA, es el jugador líder de todos los tiempos de la NBA en triples anotados

MOMENTOS PERSONALES DESTACADOS: tiene tres hijos, asistió a Davidson College, inició una fundación llamada Eat. Learn. Play. con su esposa para proporcionar educación y alimentos para los niños

Michael Jordan encabezó los Chicago Bull en seis campeonatos de la NBA en la década del 90.

Al momento del Juego de las Estrellas, cerca de la mitad de la temporada, los Warriors tenían acumuladas 48 victorias y solo 4 derrotas. Gracias a esto obtuvieron el mejor récord en 52 juegos en la historia de la NBA.

Encabezados por Michael Jordan, los Chicago Bulls terminaron la temporada 1995–1996 con 72 victorias y 10 derrotas. Su récord fue el mejor de la historia de la NBA. En 2015–2016, Golden State tuvo la posibilidad de desafiar el récord de los de Chicago.

Durante la temporada, Curry logró anotar 50 o más puntos tres veces. Se convirtió en el primer jugador de la NBA en lograr 300 triples en una temporada. Y en el juego final del año, ¡también se convirtió en el primero en lograr 400!

Las anotaciones de Curry ayudaron a los Warriors a ganar su juego final y terminar la temporada 73 a 9. Los Golden State tenían un nuevo récord de victorias. Muchos fanáticos del baloncesto estaban muy felices por el equipo, incluso el expresidente de Estados Unidos Barack Obama. "Felicitaciones a los [Warriors], son un gran equipo dentro y fuera de la cancha," escribió Obama en Twitter. "Si alguien tenía que romper el récord de los Bulls, me alegro de que sean ellos".

Curry (*derecha*) celebra otro triple con su compañero de equipo Andre Iguodala.

CAPÍTULO 1

NACIDO PARA JUGAR BALONCESTO

Stephen Curry y su hermano menor Seth juegan en la NBA.
Vienen de una familia amante de los deportes. Su padre,
Dell Curry, era el jugador con más anotaciones de todos
los tiempos para los Charlotte Hornets cuando se retiró
de la NBA. Su mamá, Sonya Curry, practicó tres deportes
en la escuela secundaria y fue jugadora de vóleibol en la
Universidad Virginia Tech.

Los padres de Stephen siempre notaron que desde pequeño tenía el deseo de ganar. "Siempre fue el más pequeño en todos los equipos en los que jugó, pero era uno de los que más trabajaba," relataba Dell Curry. Stephen llevó a su equipo de la escuela secundaria a ganar tres títulos de la confederación.

Stephen quería jugar baloncesto en Virginia Tech. Allí era donde su padre y su madre habían practicado deportes. Pero el equipo no le ofreció una beca. Entonces, eligió Davidson College en Carolina del Norte.

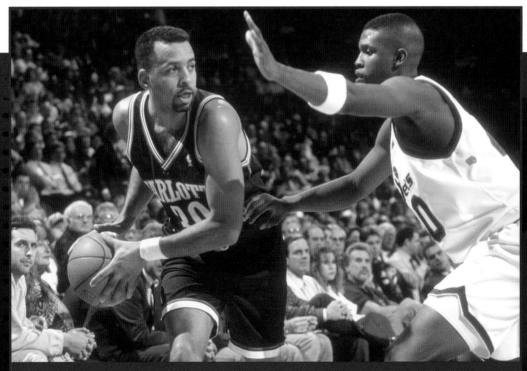

Dell Curry (*izquierda*) anotó 12 670 puntos en su carrera en la NBA. Stephen Curry superó los puntos totales de su padre en 2017.

Curry era uno de los jugadores de primer año que más anotaba en los Estados Unidos en 2006–2007. Encabezó su equipo en el logro de un récord fantástico de 29 a 5. En el torneo masculino de NCAA, anotó 30 puntos frente a Maryland. Pero su equipo perdió por 12 puntos.

Curry (*derecha*) toma un lanzamiento por encima del defensor de la Universidad de Kansas durante el torneo masculino de 2008 de la NCAA.

LA NOTICIA DEPORTIVA

El entrenador de Davidson, Bock McKillop, le enseñó a Curry que las tres claves para el éxito son la confianza, el compromiso y el cuidado. La confianza es creer que el éxito es posible. El compromiso es elegir enfocarse en el éxito día a día. El cuidado es el trabajo duro que implica llegar al éxito.

La temporada siguiente, las habilidades para anotar de Curry ayudaron a Davidson a llegar al torneo de la élite de los ocho de la NCAA. Finalmente, perdieron con la Universidad de Kansas por dos puntos. Curry se convirtió en el cuarto jugador en lograr 30 puntos o más en cada uno de sus primeros cuatro juegos del torneo de la NCAA.

El equipo no llegó al torneo en el tercer año de Curry. Pero aun así había tenido una gran temporada. Tuvo un promedio de 28,6 puntos, 5,6 asistencias y 2,5 robos por juego.

CAPÍTULO 2

NACE UN GUERRERO

Los Warriors seleccionaron a Curry en el puesto general número 7 del draft de la NBA de 2009. Fue un lanzador de precisión de larga distancia desde el comienzo. Curry anotó 166 triples, logrando un nuevo récord para un jugador de primer año. También tuvo cinco juegos con al menos 30 puntos y 10 asistencias, gracias a lo cual empata con la primera temporada de Michael Jordan. En la segunda temporada de Curry, logró un récord en equipo de 212 de 227 intentos de tiros libres.

Curry se lesionó el tobillo derecho varias veces en 2010–2011. Después de la temporada, tuvo que someterse a una intervención quirúrgica para solucionarlo. Ese verano, Curry se casó con su compañera de siempre Ayesha Alexander. Tuvieron una hija, Riley, en 2012. Su segunda hija, Ryan, nació en 2015. Su hijo Canon nació en 2018.

Stephen Curry y Ayesha Curry en 2013

LA NOTICIA DEPORTIVA

Curry ganó el premio Sportsmanship de la NBA en la temporada 2010–2011. Todos los años, la NBA le otorga el premio a un jugador que juega de manera limpia y honrada en la cancha. La NBA donó $10 000 en nombre de Curry a Habitat for Humanity East Bay, un grupo que ayuda a construir casas para las personas necesitadas.

A Curry le llevó mucho tiempo recuperarse del tobillo. No pudo participar en 40 juegos en 2011–2012. Después de la temporada, tuvo que someterse a una segunda intervención de tobillo. "Siento que no he hecho nada más que rehabilitarme durante dos años," expresó. "Siento que nunca voy a poder jugar de nuevo". Pero lentamente su tobillo fue mejorando y fortaleciéndose. Para la temporada 2012–2013, su tobillo ya estaba bien. También firmó un contrato por cuatro años por $44 millones.

Esa temporada, Curry anotó 22,9 puntos por juego, su mejor promedio. Además, registró un nuevo récord de triples en una sola temporada en la NBA. Anotó 272 triples y superó el récord anterior por tres.

Curry y su compañero de equipo, Klay Thompson, eran excelentes lanzadores de larga distancia. Juntos se ganaron el

Curry y Klay Thompson alcanzan el balón. Thompson estuvo en el puesto 11 de elegidos del draft de la NBA del año 2011.

Curry habla acerca de su trabajo con Nothing but Nets en un evento en San Francisco, California en 2016.

apodo de Splash Brothers. Sus tiros eran tan perfectos que el balón pasaba por el aro sin tocarlo. La red se movía como se mueve el agua cuando dejas caer una piedra.

Curry llevó a los Warriors a su primera aparición en las eliminatorias desde el 2007. El equipo ganó su primera serie contra los Denver Nuggets en seis juegos. Luego perdieron con los San Antonio Spurs por cuatro juegos contra dos.

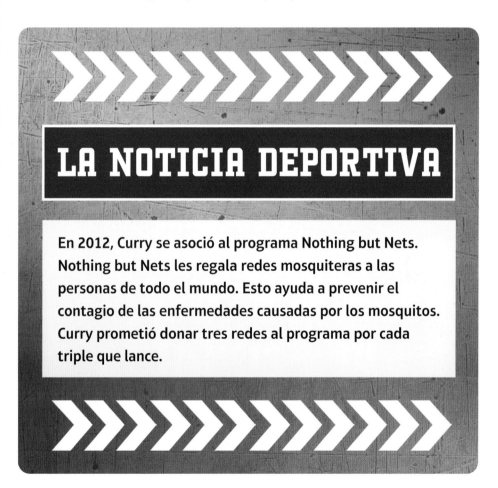

LA NOTICIA DEPORTIVA

En 2012, Curry se asoció al programa Nothing but Nets. Nothing but Nets les regala redes mosquiteras a las personas de todo el mundo. Esto ayuda a prevenir el contagio de las enfermedades causadas por los mosquitos. Curry prometió donar tres redes al programa por cada triple que lance.

CAPÍTULO 3

CAMBIOS Y CAMPEONATOS

Los Warriors jugaron otra vez las eliminatorias en 2013–2014, pero perdieron en la primera ronda. El equipo estaba listo para un cambio. Antes de la temporada 2014–2015, los Warriors contrataron a Steve Kerr para entrenar al equipo. Kerr ganó cinco títulos de la NBA como jugador.

Kerr quería que los Warriors tengan un estilo más rápido. Curry subía y bajaba en la cancha y logró que el equipo gane 67 veces. Obtuvo el premio al Jugador Más Valioso (MVP) de la liga.

Los Warriors vencieron a tres equipos y llegaron a las finales de la NBA. Luego superaron a los Cleveland Cavaliers por cuatro juegos contra dos. ¡La victoria significó el primer campeonato del equipo en 40 años!

Luego de ganar las finales de la NBA de 2015, Curry (*fila delantera, segundo desde la derecha*) y sus compañeros de equipo festejaron con el trofeo del campeonato

Curry visitó la Casa Blanca en 2015 para hablar acerca de la lucha contra la malaria. Esta enfermedad mortal se contagia mediante picaduras de mosquitos. Curry también conoció al presidente Barack Obama. "Conocer al presidente en el Salón Oval es un sueño hecho realidad," expresó Curry.

Curry tuvo un 2015–2016 fantástico. Se convirtió en el primer jugador en anotar al menos 300 triples en una temporada, y terminó con un número sorprendente: 402 triples. Curry también ganó su segundo premio como MVP.

Curry llevó a los Warriors a obtener una ventaja de dos juegos en las finales de la NBA de 2016. Pero entonces, LeBron James y los Cavaliers se apoderaron de la serie. Ganaron tres juegos consecutivos y el campeonato.

La terrible derrota en las finales fue un golpe duro para los

Warriors. Para mejorar el equipo, agregaron a la superestrella Kevin Durant. Él y Curry llevaron a los Golden State a disfrutar otro año excelente. Terminaron la temporada en el primer lugar de su confederación.

Curry y James se reencontraron en las finales de 2016–2017. Esta vez, los Warriors derrotaron a los Cavaliers en cinco juegos por su segundo título Un año más tarde, los Warriors se enfrentaron a los Cavaliers en las finales por cuarta temporada consecutiva. Golden State arrasó con la serie por 4 a 0. ¡La victoria significó lograr tres títulos en cuatro años para Curry y compañía!

Curry (*izquierda*) regatea el balón y lo aleja de LeBron James durante las finales de la NBA de 2016.

CAPÍTULO 4

NUEVA VERSIÓN DEL JUEGO

Curry y los Warriors avanzaron hasta las finales nuevamente en la temporada 2018-2019. Pero esta vez enfrentaron un equipo diferente. Los Toronto Raptos jugaban con un estilo duro. En el juego 5, Durant tuvo una lesión grave. Curry y sus compañeros continuaron luchando. Forzaron la serie para llegar a seis juegos, pero Toronto se llevó el título.

Curry (*izquierda*) descansa en el banco en las finales de la NBA de 2019. Superó a todos los jugadores con 183 puntos en la serie, pero no fue suficiente para derrotar a los Raptors.

LA NOTICIA DEPORTIVA

En 2019, Curry y su esposa crearon la fundación Eat. Learn. Play. El grupo trabaja para garantizar que todos los niños tengan suficientes alimentos y una buena educación. Desde que comenzó, el grupo ha servido alrededor de 16 millones de comidas a las familias de Oakland, California.

Curry se quebró una mano y tuvo que estar fuera del juego por un año durante la temporada 2019–2020. Pero en 2020–2021 estaba de regreso. Curry logró un pico en su carrera de 62 puntos en un juego contra los Portland Trail Blazers. Promedió 32 puntos por juego esa temporada, la mejor de su carrera.

En 2021–2022 Curry marcó un récord increíble. En una victoria frente a los New York Knicks, logró el triple número 2974 de su carrera. Superó a la superestrella Ray Allen como el mejor lanzador de triples de la historia de la NBA. "Vi a mis

Los lanzamientos rápidos de Curry resultan difíciles de bloquear para los defensores.

compañeros (celebrando)," contó Curry. "Sentí el zumbido en todo el estadio. Supe que había pasado algo especial".

Las habilidades de Curry de larga distancia cambiaron el juego. Los jugadores de la NBA realizan más triples que antes gracias a su éxito. Es uno de los mejores jugadores de la NBA

Curry convierte casi la mitad de los triples que lanza.

Curry llevó a los Warriors a marcar uno de los mejores récords en la NBA en 2021–2022.

de todos los tiempos. Curry encabezó la NBA en puntos por juego en 2015–2016 y 2020–2021. Fue votado para siete Juegos de las Estrellas de la NBA. Marcó un récord en la NBA al hacer al menos un triple en 157 juegos consecutivos. Los aficionados están siempre esperando para ver qué hace a continuación.

ESTADÍSTICAS DE LA CARRERA DE STEPHEN CURRY

ROBOS:

1335

ASISTENCIAS:

5211

PUNTOS:

19 427

PUNTOS POR JUEGO:

24,3

ASISTENCIAS POR JUEGO:

6,5

Las estadísticas son fidedignas hasta el año 2021.

GLOSARIO

asistencia: un pase que se convierte en una anotación

beca: dinero que una escuela u otro grupo le cede a estudiantes para ayudar a pagar por su educación

confederación: un grupo de equipos deportivos que forman una liga

draft: cuando los equipos se turnan para elegir jugadores nuevos

élite de los ocho: los ocho equipos que llegan a las finales en los torneos de baloncesto masculino y femenino de la NCAA

lanzador de precisión: un buen lanzador en baloncesto

rehabilitarse: trabajar para recuperar la salud después de una lesión

robo: cuanto un jugador de baloncesto le quita el balón a un jugador del otro equipo

tiro libre: un lanzamiento abierto tirado desde detrás de una línea establecida después de una falta cometida por un oponente.

torneo de la NCAA: una serie de partidos jugados cada año para elegir el campeón universitario de baloncesto

triple: un lanzamiento realizado desde detrás de la línea de tres puntos en una cancha de baloncesto que suma tres puntos

NOTAS SOBRE LAS FUENTES

7 Associated Press, "Steph Curry Shoots Warriors to 73rd Win, Breaking Bulls' Mark," *ESPN*, 14 de abril de 2016, https://www.espn.com/nba/recap?gameId=400829114.

9 "Before They Made It: Stephen Curry," USA Basketball, actualizado el 4 de mayo de 2015, https://www.usab.com /news-events/news/2015/05/before-they-made-it-stephen -curry.aspx.

14 Pablo S. Torre, "How Stephen Curry Got the Best Worst Ankles in Sports," *ESPN*, 10 de febrero de 2016, https://www .espn.com/blog/truehoop/post/_/id/74078/how-stephen -curry-got-the-best-worst-ankles-in-sports.

20 Diamond Leung, "Warriors' Stephen Curry Meets President Obama," *San Jose (CA) Mercury News*, actualizado el 12 de agosto de 2016, https://www.mercurynews.com/2015/02/25 /warriors-stephen-curry-meets-president-obama/.

26 Michael C. Wright. "Steph Curry Overtakes Ray Allen for NBA's All-Time 3-Point Lead," NBA, actualizado el 16 de diciembre de 2021, https://www.nba.com/news/stephen -curry-tracker-all-time-3s-record.

MÁS INFORMACIÓN

Flynn, Brendan. *Golden State Warriors All-Time Greats*. Mankato, Minnesota: Press Box Books, 2020.

Golden State Warriors
https://www.nba.com/warriors/

Levit, Joe. *Basketball's G.O.A.T.: Michael Jordan, LeBron James, and More*. Mineápolis: Lerner Publications, 2020.

Sports Illustrated Kids—Basketball
https://www.sikids.com/basketball

Stephen Curry
https://www.nba.com/player/201939/stephen-curry

Walker, Hubert. *Stephen Curry: Basketball Star*. Lake Elmo, MN: Focus Readers, 2021.

ÍNDICE

CRÉDITOS POR LAS FOTOGRAFÍAS

Créditos de las imágenes: Ezra Shaw/Getty Images, pp. 4, 12, 15; Mitchell Layton/Getty Images, p. 6; Nhat V. Meyer/MediaNews Group/Bay Area News/Getty Images, pp. 7, 19, 21–22; Jonathan Ferrey/Getty Images, p. 8; Focus on Sport/Getty Images, p. 9; Gregory Shamus/Getty Images, pp. 10, 23; Thearon W. Henderson/Getty Images, p. 13; Scott Strazzante/San Francisco Chronicle/Hearst Newspapers/Getty Images, p. 16; Frederic J. Brown/AFP/Getty Images, p. 18; Carlos Avila Gonzalez/San Francisco Chronicle/Hearst Newspapers/Getty Images, p. 25; Stephen Lam/The San Francisco Chronicle/Hearst Newspapers/Getty Images, p. 26; Allen J. Schaben/Los Angeles Times/Getty Images, p. 27. Elementos de diseño: The Hornbills Studio/Shutterstock.com; Tamjaii9/Shutterstock.com.

Portada: AP Photo/Jeff Chiu.